EL RESURGIR

AHÍ VIENEN LOS REYES Y SACERDOTES

POR: DICK BERNAL

El RESURGIR - AHÍ VIENEN LOS REYES Y SACERDOTES

DERECHOS DE AUTOR © 2013 DICK BERNAL

TODOS LOS DERECHOS RESERVADOS. Este libro está protegido bajo las leyes de derechos de autor de los Estados Unidos de América. Este libro y cualquier parte del mismo no debe ser copiado o reimpreso con fines de lucro. El uso de citas cortas o la copia ocasional de alguna página para uso personal o grupo de estudio es recomendado.

Las citas bíblicas provienen de la Nueva Biblia del Rey Jacobo versión de la Sagrada Biblia a menos de que se indique lo contrario, ley de derechos de autor 1991 por Thomas Nelson. Empleado bajo permiso.

ISBN-10   188492008x
ISBN-13   978-1884920080

Originalmente publicado como: "Community of Kings & Priests" © 2007 (ISBN 1-884920-25-x)

JUBILEE CHRISTIAN CENTER PUBLICATION
175 Nortech Parkway
San Jose, California 95134
www.jubilee.org

EL RESURGIR
AHÍ VIENEN LOS REYES Y SACERDOTES

INDICE

AGRADECIMIENTOS...	v
Prefacio...	vi
Introducción..	1

CAPITULO 1
El Descubrimiento..	5
Siguiendo El Camino Correcto...	6

CAPITULO 2
Pensamiento A Ser Vino Nuevo..	7
¿Qué Es La Iglesia De Todos Modos?...................................	7
¿Ministerio O Mercado?..	8

CAPÍTULO 3
La Conversión...	11
¿Da Comezón?..	11
Cuando Se Cambia De Marcha...	12
Una Nueva Direccion...	13

CAPITULO 4
Abriendo Caminos..	16
Inicios Humildes...	16

CAPÍTULO 5
Permanecer En El Redil..	21
Logrando Cielos Abiertos...	21
Identificar El Redil...	23

CAPITULO 6
Cultura Del Cambio..	25
La Contracultura...	25
Tiempos De Cambio...	26

CAPITULO 7
    Señor, Ayudame A Encontrar Mi Sitio
    (La Oracion Del Golfista).. 29
    Sobrellevar El Dia A Dia.. 30
    Transición De Rey A Sacerdote... 31
    Eleccion Unica E Historica.. 32

CAPITULO 8
    Dinero: Herramienta Y Juguete... 33
    Las Herramientas Adecuadas De Un Rey.. 33

CAPÍTULO 9
    Involucrando Culturas Y Abordando Fortalezas................................... 35
    Cambiando Mentalidades.. 35
    Trabajando Juntos.. 36

CAPITULO 10
    Encontrando Un Sitio En Comun.. 39
    ¿Te Es Atractivo?... 40

CAPITULO 11
    A Su Imagen, Tenemos Imaginación... 41
    No Solo Salvado…Llamado... 45
    Resurgir!.. 45

CAPITULO 12
    Wow!, Ahora Puedo Ver!... 47
    El Proposito De La Influencia.. 47

CONCLUSIÓN... 50

EL RESURGIR
AHÍ VIENEN LOS REYES Y SACERDOTES

AGRADECIMIENTOS

"Tengo que agradecer al pastor Charles Neiman de El Paso, Texas, por encender esta revelación en mi mente y corazón hace casi veinte años." – **Pastor Dick Bernal, Pastor Principal, Centro Cristiano Jubileo.**

"Existe un equilibrio que es imprescindible para hacer grandes avances de éxito en el Reino de Dios y en los negocios. El pastor Dick Bernal está preparado con educación y la experiencia en estos ámbitos para ofrecer una mejor visión concerniente a esta materia. Esto está revelado en su nuevo libro: "El Resurgir" – Ahí Vienen los Reyes y Sacerdotes". – **Pastor Rick Hawkins, Sr. Pastor, Place for Life, San Antonio, Texas.**

"La visión del pastor Bernal en "Reyes y Sacerdotes" nos brinda una claridad bíblica y de revelación que se traduce en potenciar a cada creyente de Cristo a abrazar el contenido de las páginas de este gran libro.
En los años de ministerio del Pastor Bernal en el mercado y desde el pulpito del Centro Cristiano Jubileo, una de las grandes iglesias de América, así como su influencia en el cuerpo de Cristo alrededor del mundo lo cual lo califica para hablar sobre este tema tan importante. Recomiendo encarecidamente a todos los cristianos extraer el alimento espiritual que se encuentra en las páginas de "El Resurgir" - Ahí Vienen los *Reyes y Sacerdotes"* Prepárate para el ascenso! **Pastor Steve Hage, Sr. Pastor, The Gathering Community Church, Laguna Niguel, California.**

PREFACIO

En el poderoso libro de Dick Bernal El Resurgir (Ahí Vienen los *Reyes y Sacerdotes*), desentraña el verdadero significado de la vida Cristiana y nos enseña como caminar sobre nuestro divino mandato como *reyes y sacerdotes*. Reyes que trabajan de tiempo completo en este mercado y predicadores que sirven en el ministerio. Es una llamada de atención a hombres y mujeres a levantarse como poderosas y sobrenaturales maravillas, gente de negocios que se hacen discípulos en todas las naciones.

Durante gran parte de la historia de la iglesia hemos asumido que "ministerio" significa trabajar por la iglesia. Los ungidos eran pastores de tiempo completo, mientras los que han trabajado en el mundo no eran precisamente tan espirituales. A pesar de que la iglesia hace una distinción entre los dos, la Biblia no lo hace.

Nos parece que hemos perdido de vista el hecho de que el ministerio que estamos llamados a imitar representaba una contracultura revolucionaria que caminaba sobre un poder sobrenatural. Él vivió, murió y resucitó para liberar un planeta en crisis del poder del diablo y para extender el Reino Superior en todos los rincones del planeta. La única forma en que podemos lograr esto es si nuestros hombres y mujeres cristianos tienen un claro entendimiento de su vocación, la unción, el enfoque y que ven su carrera como la principal expresión para construir el reino de Dios.

Es muy posible que este libro de Dick Bernal pueda proporcionar al mercado Cristiano el convertirse en líderes espirituales, estableciendo el Reino de Dios en todas las esferas de influencia. Si usted anhela que se le proporcione este poder supernatural para ver a una sociedad transformada, entonces este libro es para ti.

Kris Vallotton Leader, Iglesia Bethel, Redding, CA Co-fundador de "Bethel School of Supernatural Ministry" autor de nueve libros incluidos: "The Supernatural Ways of Royalty and Spirit Wars".

INTRODUCCION

«¡Levántate, resplandece, porque ha venido tu luz,
y la gloria de Jehová ha nacido sobre ti!
2 Porque he aquí que tinieblas cubrirán la tierra,
y oscuridad las naciones;
mas sobre ti amanecerá Jehová,
y sobre ti será vista su gloria.
3 Y Andarán las naciones a tu luz,
y los reyes al resplandor de tu nacimiento.
Isaías 60: 1-3

Conmigo está el consejo y el buen juicio;
Yo soy la inteligencia; mío es el poder.
^{15} Por mí reinan los reyes,
y los príncipes ejercen la justicia.
^{16} Por mí dominan los príncipes,
y todos los gobernadores juzgan la tierra.
^{17} Yo amo a los que me aman,
y me hallan los que temprano me buscan.
^{18} Las riquezas y el honor me acompañan;
los bienes permanentes y la justicia.
Proverbios 8:14-18

4 Te alabarán, Jehová, todos los reyes de la tierra,
porque han oído los dichos de tu boca.
5 Y Cantarán de los caminos de Jehová,
porque la gloria de Jehová es grande,
Salmo 138: 4-5

Isaias vio venir el brillo, la luz y la amplitud de Zion a la casa del Señor. Por supuesto, esto comenzó cuando Cristo vino y trajo la "luz" con él. Podríamos llamarlo simplemente iluminación, revelación del conocimiento de Dios y su plan para el hombre.

Quizás Isaías dio un vistazo a 1948, el retorno del antiguo pueblo de Dios a su tierra natal, donde una vez más el "desierto querría florecer" pero, si Isaías era consciente o no, el Espíritu Santo lo uso para profetizar acerca de este presente y de los días venideros. La gloriosa y atrayente iglesia de nuestro Señor Jesucristo, llegará a ser este innegable imán que atraerá a la gente al reino en todos los ámbitos de la vida diaria.

Los niños, padres, hermanos, ricos, famosos, poderosos, influyentes, etc. Todos encontrarán su camino de regreso a Dios, como Salomón, que de alguna manera encontró su lugar de origen, incluso a través de circunstancias extremadamente difíciles.

Isaías también vio riqueza sin precedentes viniendo de la casa del Señor con el propósito claro y simple de honrarlo. Este resurgimiento trajo consigo miedo e incertidumbre, pero pronto abrió paso a la emoción y la alegría. Como nubes que pueden reunirse aparentemente de la nada y multitudes de palomas que pueden precipitarse rápidamente, cubriendo un techo, un árbol o incluso una ventana, así serán las multitudes que vendrán de cerca y lejos a la Casa de Dios.

Obviamente, en el liderazgo serán atrapados con la guardia baja. Isaías vio las multitudes, las bendiciones financieras, la prominente humildad de Dios con los pobres y lastimados.

Vamos a escuchar a Isaías 60:15-22

En vez de estar abandonada y aborrecida,
tanto que nadie transitaba por ti,
haré que tengas renombre eterno,
que seas el gozo de todas las generaciones.
16 Y Mamarás la leche de las naciones,
el pecho de los reyes mamarás;
y sabrás que yo, Jehová, soy tu Salvador,
tu Redentor, el Fuerte de Jacob.
17 »En vez de bronce traeré oro,
y plata en lugar de hierro;
bronce en lugar de madera,
y hierro en lugar de piedras.
Te daré la paz por magistrado,
y la justicia por gobernante.
18 Nunca más se hablará de violencia en tu tierra,
ni de destrucción o quebrantamiento en tu territorio,
sino que llamarás "Salvación" a tus muros,
y a tus puertas "Alabanza".
19 »El sol nunca más te servirá de luz para el día,
ni el resplandor de la luna te alumbrará,
sino que Jehová te será por luz eterna
y el Dios tuyo será tu esplendor.
20 No se pondrá jamás tu sol
ni menguará tu luna,
porque Jehová te será por luz eterna
y los días de tu luto se habrán cumplido.
21 »Todo tu pueblo, todos ellos, serán justos.
Para siempre heredarán la tierra;
serán los renuevos de mi plantío,
obra de mis manos, para glorificarme.
22 El pequeño llegará a ser un millar;
del menor saldrá un pueblo poderoso.
Yo Jehová, a su tiempo haré que esto se cumpla pronto.

Como el pastor que he pastoreando durante treinta y tres años todo lo que puedo decir es, "¡Wow!" Quiero vivir lo suficiente para ver esto!

Incluso nuestras pobres, pequeñas y despreciadas iglesias tendrán un progreso importante, el crimen será abatido, la pobreza cesara, la risa reemplazara el luto, y la paz reinara el alma. Vamos Jesús! Estamos Listos!

El último verso (22) nos dice, 'El pequeño llegará a ser un millar; del menor saldrá un pueblo poderoso.''. Las pequeñas iglesias estallaran; más grandes, las más grandes lucirán como una pequeña nación. Mega iglesias se convertirán en un lugar común.

El anuncio: "Yo, el Señor, lo apresuraré." Amos lo vio de esta manera:

> 13 Ciertamente vienen días, dice Jehová, cuando el que ara alcanzará al segador, y el que pisa las uvas al que lleve la simiente; los montes destilarán mosto y todos los collados se derretirán. 14 Traeré del cautiverio a mi pueblo Israel: ellos edificarán las ciudades asoladas y las habitarán; plantarán viñas y beberán de su vino, y harán huertos y comerán de su fruto.
> Amos 9:13-14

Una cosecha abundante para aquellos de nosotros que creemos que esto realmente puede suceder, ¿cómo planificamos, oramos y nos preparamos? Ese es el propósito de este libro, El Resurgir. Pedro nos dijo, ''hagan firme nuestra vocación y elección''. Cada creyente es llamado, ungido, y determinado, ¿pero a qué? Mi oración que es ''El Resurgir'' podrá ayudar a cerciorarte de que tu don es evidente y tu vocación productiva.

CAPÍTULO 1
EL DESCUBRIMIENTO

> Siempre me estoy haciendo la misma pregunta: ¿por qué es por lo que quieres ser recordado? Si eres afortunado, alguien con autoridad moral te la preguntará lo suficientemente pronto en tu vida como para que tú continúes preguntándotelo a medida que avances. Es una pregunta que induce a renovarse a si mismo en una persona diferente, la persona que quieres llegar a ser.
>
> - Peter Drucker

William Shakespeare escribió, ''lo más importante para un hombre o una mujer es averiguar quién es él o ella. "Yo añadiría, ''en Cristo''. Es obvio para mi que el gran éxito de Rick Warren el libro, 'Una vida con propósito' se debe a que las personas están interesadas en saber cuál es su lugar. "¿Quién soy yo?" "¿Qué soy yo?" '' ¿Dónde debería estar?'' '' ¿Cómo es mi vida realmente?''.

Hace casi 20 años, estaba en la ciudad de Toronto hablando en una conferencia para un amigo pastor. Mientras conducíamos para almorzar me preguntó si había leído el Libro del Apocalipsis y se preguntaba por qué Juan, décadas después de nacida la iglesia, utilizo el título de ''reyes y sacerdotes'' para describirnos a los creyentes.

> 4 Juan, a las siete iglesias que están en Asia: Gracia y paz a vosotros de parte del que es y que era y que ha de venir, de los siete espíritus que están delante de su trono, 5 y de Jesucristo, el testigo fiel, el primogénito de los muertos y el soberano de los reyes de la tierra. Al que nos ama, nos ha lavado de nuestros pecados con su sangre 6 y nos hizo reyes y sacerdotes para Dios, su Padre, a él sea gloria e imperio por los siglos de los siglos. Amén.
> Apocalipsis 1:4-6

Me hablo acerca de ser el orador visitante, el pastor Charles Neiman del Paso, Texas, quien saco a la luz una nueva forma de ver al ''ministerio''. Reyes, bajo Jesús el Rey de Reyes, son ministros de mercado.

Los predicadores son quienes sirven a Dios, dentro de este llamado existen cinco ministerios que incluyen al Apóstol, Profeta, Evangelista, Pastor y Maestro, así como lo relativo al llamado ministerio de ''ayuda''.

Inmediatamente sentí la emoción del Espíritu Santo, impresionándome con algo que seguramente quería revelar, un nuevo principio para ser comprendido e instruido. Fascinado me fui a casa y comencé la búsqueda; pasando horas, días y meses estudiando. Lo que descubrí, y he estado compartiendo en todo el mundo desde entonces, se ha escrito en las páginas de este libro.

SIGUIENDO EL CAMINO CORRECTO

Este mensaje de empoderar a los Reyes de Dios ha recibido su parte de crítica. Recientemente lleve mi ministerio a Sudamérica donde varios cientos de pastores se reunieron para celebrar la conferencia Reyes y Sacerdotes. Me contaron una historia que tanto nos bendijo y sorprendió. En 2001 yo me encontraba en su país hablando en una reunión muy concurrida dentro de mis sesiones de cuarenta minutos, compartí los fundamentos de esta enseñanza. Yo no sabía que era el polo opuesto de lo que el pastor anfitrión pensaba y aplicaba con esfuerzo. Su creencia era que si se es una persona cercana a Dios, ellos deberían abandonar su carrera, negocio o trabajo y entrar a un verdadero ministerio o bien iniciar una iglesia que se convirtiera en un ministerio que apoye y aporte a sus miembros. Esto, por supuesto, mantiene a los empresarios exitosos y educados lejos de la iglesia.

Durante mi platica, algunos de estos pastores frustrados "captaron esta visión". Tomo muchos años, pero cientos de iglesias se están empoderando "Reyes" participando en este mercado con el llamado de Dios y ungidos para tener éxito en los negocios y compartir el evangelio con la multitud. Por supuesto, no soy el único que ha hecho esto. Durante años, Ed Silvoso, Rich Marshall, y mi viejo amigo y autor, Ken Eldred, han compartido conceptos similares.

Mi deseo y oración es que, a medida que se comience a comprender los distintos roles tanto individuales como de colaboración de los reyes y predicadores de hoy en día. Nuestro precioso señor confirmara prontamente el papel y el propósito en el camino hacia el cumplimiento de su mandato.

> Así que, hermanos, sed tanto más diligentes para hacer firme vuestro llamado y elección *de parte de Dios*; porque mientras hagáis estas cosas nunca tropezaréis; pues de esta manera os será concedida ampliamente la entrada al reino eterno de nuestro Señor y Salvador Jesucristo.
> 2 Pedro 1 : 10-11

CAPÍTULO 2

PENSAMIENTO A SER VINO NUEVO

> Usted puede lograr todas sus metas personales, tener un éxito rotundo de acuerdo a los criterios del mundo, y, aun así, no encontrar los propósitos para los cuales Dios lo creó.
> - Rick Warren

¿QUÉ ES LA IGLESIA DE TODOS MODOS?

En este capítulo, me referiré a lo que creo que es una de las grandes injusticias en el cuerpo de Cristo hoy en día. Cuando vemos a alguien "en el fuego" por Dios, automáticamente pensamos que deben ser llamados al ministerio y los ponemos en nuestra casilla de ministerio. Podemos interpretar "llamado" como "ministerio". Por supuesto, ministerio significa para nosotros trabajar en o para la iglesia. Por lo tanto, creemos que el camino correcto para una persona llamada comienza con la Escuela Bíblica seguido de una asignación a algún tipo de cargo en la iglesia. Aplaudimos su entusiasmo y oramos por su éxito.

El resto de nosotros hacemos trabajo secular en nuestra rutina y hacemos todo lo mejor para asistir a la iglesia, dar, cantar, escuchar, tal vez como voluntarios, y compañerismo; todo el tiempo pensando que la parte seria de la iglesia es lo que pasa en el altar con el ungido o los llamados a ser siervos de Dios. Seguimos pensando que la "iglesia" es un edificio y lo que tendrá lugar el domingo mañana es nuestro tiempo para rendir culto. El resto de la semana trata sobre nuestra vida y hacer todo lo posible para no llegar a convertirla en algo demasiado "mundano".

Cuando examinamos las diferencias en el Antiguo y el Nuevo Testamento, vemos ambos pactos que describen a los "Reyes" que gobernaron y "sacerdotes" que ministraron a Dios. Sin embargo, con el surgimiento de la iglesia del Nuevo Testamento, vemos el uso de otros términos como, ancianos, diáconos, obispos, supervisores y siervas. La iglesia es una "ecclesia", palabra griega que significa "llamado para el servicio militar o político."

En los tiempos de Jesús, el edificio donde las personas asistían era conocido como iglesia, es decir, el templo. Cuando Jesús usó el término "iglesia" en Mateo 16:18 – *"Y yo también te digo que tú eres Pedro, y sobre esta roca edificaré mi iglesia, y las puertas del Hades no la dominarán"*. Él no estaba hablando del templo o un edificio. Él estaba hablando de "ecclesia" - el cuerpo de Cristo.

Así que, como ves, todos encajamos en esta categoría si estamos trabajando por la iglesia o una parte del cuerpo de Cristo, asistiendo y sirviendo, sin embargo empleado fuera de la iglesia. Nosotros somos la iglesia.

Por la gracia de Dios que realizare mi mayor esfuerzo para renovar nuestra mente a través de los principios de este libro. Es esencial que usemos el reino del pensamiento que nos dice que cada cristiano esta llamado, ungido y determinado a hacer algo para ayudar a construir el reino ya sea en el mercado o en el ministerio quíntuple, y todos debemos trabajar juntos para construir el Reino.

Les he escrito esto de los que los engañan.

> **26** Os he escrito esto sobre los que os engañan. **27** Pero la unción que vosotros recibisteis de él permanece en vosotros y no tenéis necesidad de que nadie os enseñe; así como la unción misma os enseña todas las cosas, y es verdadera, y no es mentira, según ella os ha enseñado, permaneced en él.
> 1 Juan 2:26-27

¿MINISTERIO O MERCADO?

Por definición, un ministro es alguien que esté autorizado por una iglesia u organización religiosa para llevar a cabo funciones tales como la enseñanza de las creencias, bodas, bautizos y funerales, por otro lado proporciona orientación espiritual a la comunidad. El término proviene de la palabra latina (en realidad escriben igual) significado ministro "siervo, asistente", que a su vez se deriva de "menos o menor".

El rol, la formación y las cualificaciones requeridas varían dependiendo de denominación, pero una creencia universal y estándar para un ministro es que él o ella deban sentir el "llamado".

> **18** Y todo esto proviene de Dios, quien nos reconcilió consigo mismo por Cristo, y nos dio el ministerio de la reconciliación.
> 2 Corintios 5:18

Ser un ministro de la reconciliación no solo se limita al ministerio de púlpito. Como personas que somos llamados a ser sal y luz para el mundo, hay que reconocer que todos estamos llamados a ser ministros de la reconciliación. Algunos de ustedes se han preguntado a sí mismo o a Dios si se puede amar a Dios y estar en el fuego por él y todavía seguir amando los negocios. Si!, está bien amar el trabajo secular?, ¡Sí! ¿Está bien el deseo de trabajar en el ámbito político?, ¡Sí! ¿Estoy siendo impío por el deseo de ser un deportista profesional o artista de Hollywood?, No! como sería el mundo conociendo a Jesucristo y entendiendo el reino de Dios si no estamos entre el mundo? Cada cultura y sociedad necesita ser invadida y transformada por el poder de Cristo por el poder de Cristo de nuevo, como el viejo pescador decía: haz firme tu llamado y elige bien.

Para mí, Moisés fue un claro ejemplo de valentía, coraje y servicio al mercado. Recuerda, un ministro es el que sirve a Dios y a su pueblo. En contraste con lo que discutimos sobre los ministros, me referiré a lo que significa ser un Rey (un siervo del mercado) con el propósito de establecer las bases de este libro. Desarrollare el rol de un rey más adelante en el libro.

Un "Rey" es una persona que trabaja a tiempo completo en el mercado. Los reyes pueden poseer empresas o trabajar en el mantenimiento de ellas. No importa la posición o la responsabilidad en el trabajo, el papel de un rey es asociarse con el Pastor o Ministro alcanzando a las personas perdidas y heridas en el mercado, a los discípulos en desarrollo, sosteniendo estudios de la biblia, orando y ayudando a suministrar a la iglesia para ayudar a promover el reino de Dios.

Así que ya ves por qué Moisés es un gran ejemplo de "Rey". Moisés es enviado, no a una escuela bíblica o seminario, sino a un monarca – faraón (que representa a un sistema mundial) con la palabra de Dios en su boca.

Como vemos en Éxodo 4: 1-4, Moisés duda de su efectividad como líder, así que Dios le pregunta: "¿Qué hay en tu mano?" Moisés responde: "Una vara."

Dios está a punto de mostrar a Moisés que no es sólo un pedazo de madera tallada, madera muerta. Por el poder de Dios, puede ser transformado en algo vivo y poderoso - una serpiente! Lo que parecía mundano en la mano de Moisés se convirtió en una herramienta poderosa con el toque de Dios.

Del mismo modo, todos sabemos la historia de David y Goliat. David tuvo una honda en la mano que resultó muy eficaz contra el enemigo de Dios. Eliseo lleva el manto de su ex jefe Elías. Algunos de los discípulos tenían redes de pescadores, mientras que otros tenían peces y panes de un niño pequeño. Pablo era un fabricante de tiendas y, en una de mis historias favoritas del libro de los jueces, Sansón usó la quijada de un asno.

Lo que parece pequeño en nuestras manos, tal como la ofrenda de la viuda puede transformarse en el "poderoso", cuando se le da a Dios por una buena causa.

> "Si amas lo que haces, nunca será un trabajo"
> - Confucio

CAPÍTULO 3

LA CONVERSION

El mundo: Eres lo que haces
El evangelio: Haz lo que eres
- Anónimo

¿DA COMEZON?

Cuando escuchas el nombre de Michael Jordan, inmediatamente piensas en un jugador de básquetbol. No cualquier jugador de baloncesto, sino en una superestrella extraordinariamente talentosa y exitosa. En 1994, después de diez años en la NBA, incluyendo una carrera por el tricampeonato, Jordan trató de lograrlo como jugador de béisbol profesional. Me dolía ver a este atleta increíble, para muchos el mejor jugador de baloncesto de todos los tiempos, matando a una bola curva. Parecía incómodo, fuera de lugar, y definitivamente fuera del uniforme. Después de un año de jugar béisbol, Michael volvió a jugar al baloncesto por varios años más, durante los cuales lideró a los Toros de Chicago a tres campeonatos más.

Jerry Rice, con quien he jugado un poco al golf, es el más grande receptor abierto que ha jugado en la NFL. Combinado con sus gráciles, manos suaves, siempre fue difícil de alcanzar después de atrapar la pelota. Sin embargo, también se puede recordar que después de su retiro de la NFL en 2006, Jerry intentó convertirse en un golfista profesional. Jerry es un atleta dotado y un buen jugador de golf, pero el don de ser un profesional en el campo de golf no estaba allí.

Ahora, aplaudo los esfuerzos tanto de Michael Jordan y Jerry Rice, pero el viejo refrán viene a la mente: Si tú tienes comezón, ráscate, pero no te rasques hasta sangrar. Todos tenemos un área de fortaleza, regalada si se quiere y luego tenemos aficiones e intereses. El reto para la mayoría de nosotros es encontrar nuestras fortalezas y dones mientras se logra una buena vida - permaneciendo en nuestro carril – frente a sólo tener un "trabajo" y tener una buena vida.

Una carrera es algo que yo elijo para mí.
Una vocación es algo que recibo.
Una carrera es algo que hago por mí mismo.
Una vocación es algo que hago por Dios.
"Un llamado es para siempre".
- Anónimo

CUANDO SE CAMBIA DE MARCHA

En 1966, elegí trabajar en la construcción. En 1977, le entregué mi vida al Señor. Poco después, me llene del Espíritu. En 1978, Dios me había llamado a ser "Pastor". . . (Sacerdote). Probablemente se estará preguntando, "¿Cómo sucedió eso?"

Durante treinta y dos años, me preguntaba y vagaba. Nunca estuve seguro de dónde encajaba. En los años sesenta y principios de los setenta, tuve una vida bastante desatada y libre. El compromiso y la responsabilidad no eran aspectos que me fueran familiares en ese entonces, al menos no hasta que conocí y me casé con mi esposa, Carla. Ella se convirtió en un factor de estabilidad en mi vida. Me interesé en la escena del Rock de San Francisco en los años sesenta y luego intenté la monta de toros salvajes, ocho segundos es una eternidad en la parte posterior de un toro en brama muy agitado. Incluso jugué con la idea de unirme a un club infame de motociclistas.

Finalmente, me decidí a volver a la escuela para aprender informática antes de cambiar mi decisión y trabajar en la construcción de 1966 a 1980. Porque me gustaba el aire libre y trabajar con mis manos, empecé a darme cuenta de que había aterrizado en el trabajo de mis sueños como un herrero.

A pesar de que nunca hice mucho dinero, siempre he tenido lo suficiente, y la idea de hacer cualquier otra cosa nunca cruzó mi mente.

Tengo menos buenos recuerdos de la vida a mediados de los años setenta. Nosotros vivimos en Rosewood Lane en la pequeña montaña Hamlet llamada Paradise, California. Mi hija, Sarah, nació allí. Pocos días después de su nacimiento, mientras yo estaba trabajando a cien millas de distancia en Sacramento, recibí una llamada de emergencia de mi cuñada diciendo que Carla había tenido una hemorragia, estaba en condición crítica, y había sido llevada al hospital. Inmediatamente corrí hacia la puerta, salté en mi camioneta y me dirigí al hospital. El conducir parecía una eternidad. En mi estado frenético empecé a hablar con Dios e hice un trato con él, si el sanaba a mi esposa, yo haría lo que él quisiera.

Yo no era espiritual en aquel entonces, pero me encontré desesperada pidiendo a Dios por mi esposa. Desde luego, no le di un segundo de mi pensamiento a que Dios pudiese tomar mi oferta. Después de todo, "¿Qué carajos podía hacer Dios conmigo?", Pensé. "¡Nada! Ni siquiera estoy en su equipo.

De repente me di cuenta de mis pensamientos, y comencé a darme cuenta de que yo creía en la existencia de Dios. Desconocido para mí en ese momento, fue el comienzo de mi búsqueda de Dios y de su búsqueda hacia mí. Como ves, Dios sanó a mi esposa, el respondió a mi petición. En cuanto a mí.... bueno.

Durante semanas trate de volver a mi rutina normal. Me fui a trabajar, pasé tiempo con la familia, y de vez en cuando me reunía con mis compañeros después del trabajo para desahogarme. Al mismo tiempo, no dejaba de pensar acerca de Dios. "¿Quién es Dios de todos modos? ¿Por qué hay un Dios? ¿De dónde viene? "Me gustaría verme a mí mismo mirando al cielo preguntándome acerca de este lugar llamado Cielo.

Un despejado sábado de enero, hacia el final de la temporada de patos, estaba yo sentado en mi persiana viendo los gansos y patos migrar hacia el sur, y me dije a mí mismo: "¿Por qué hacen eso?

¿Hay realmente un Dios que controla la naturaleza? "A medida que mis pensamientos a menudo daban vueltas hacia preguntas sobre Dios, comencé preguntándome, ¿dónde encajo yo?

Mi esposa comenzó poco a poco a insistir, al final me rendí a la idea de ir a la iglesia. Desde ese día nací de nuevo. Serví al Señor asistiendo a la iglesia, dando, mi tiempo de voluntario en el equipo pastoral juvenil, siendo anfitrión semanalmente en casa con los estudios bíblicos, y hacer cualquier otra cosa en la que pudiese invertir mi tiempo. Ese mismo año, yo estaba asistiendo a una conferencia de la iglesia en Anaheim cuando Dios me sanó de un latido irregular del corazón. Todo en mi vida fue cambiando, y me veía a mí mismo feliz. Muy feliz!

Un día, mientras trabajaba en Calistoga, empecé a notar que uno por uno, mis viejos amigos estaban tomando una crítica injusta hacia mi nueva fe. "¿Por qué todo ese antagonismo?", me pregunte. Enormemente decepcionado, intente ser buena persona en ello, pero me di cuenta que realmente dolió. Mientras conducía de regreso a través del valle esa tarde hacía Paradise, llegué a esta conclusión: mi vida había cambiado y nunca volvería a ser igual.

Habia indicios de Dios: me salvó, Dios me sanó, y estaba lleno del Espíritu Santo. Tuve tiempo de oración diaria y escuché un montón de sermones, así como la música de adoración de mi artista cristiano contemporáneo favorito. Ya era un cristiano. De hecho me sentía satisfecho, incluso contento. Pero, ¿qué significa todo esto?

UNA NUEVA DIRECCION

Estoy seguro que Moisés, después de cuarenta años en el desierto, se sentía un poco del mismo modo, hasta que fue testigo de la zarza ardiente. Mi "zarza ardiente" fue una visita del Espíritu Santo mientras conducía mi vieja camioneta Nissan a las 5:30 una mañana. Me dirigía hacia Sacramento para equipar a la rotonda del Capitolio después del gran terremoto de 7.0 en Oroville cuando, de repente, el interior de la camioneta se iluminó como una gran bombilla. Una "voz" - una presencia - me dijo en un lenguaje sencillo, "renuncia a tu trabajo. Prepárate, porque yo te he llamado. "Al día de hoy, no estoy seguro exactamente lo que pasó. Todavía no estoy seguro de si era un ángel o el mismo Cristo. Cualquiera que sea o quien sea que fuera, cambió mi vida para siempre!

Incluso ahora, todavía estoy sorprendido por mi disposición y voluntad para obedecer. Yo sabía que quería mantener la promesa que le hice a Dios la noche que milagrosamente sano a mi esposa, pero no tenía ni idea de lo que eran los planes de Dios para mi vida. En cualquier caso, por primera vez en mi vida, con la confianza que todavía encuentro difícil de creer, tenía una misión para el futuro.

Recuerdo haberle dicho a mi familia, que no eran salvos en el momento que iba a dejar mi trabajo seguro y sindicato para mudarme a Oklahoma para asistir a la Escuela Bíblica. Era 1978 y yo no tenía la promesa del futuro, sin embargo, yo sabía que tenía que ir y que Dios me estaba llamando a tiempo completo para el ministerio pastoral. Hay cierta confianza conociendo, y tú debes de tener ese conocimiento antes de tomar una gran decisión que cambiará la vida.

De todas las cosas en el mundo y de todas las personas, Dios me llamó a predicar y enseñar, a mí, Dick Bernal - la persona que tiene miedo de hablar en público, los micrófonos, y la gente que lo mira fijamente. Mis círculos familiares fueron los trabajadores de la construcción, los ciclistas, la unión de campesinos y vaqueros, el viejo rudo y violento que no era conocido por sus habilidades en oratoria. Me había dado un discurso en mi vida y fue un desastre. Claro, yo podría contar un chiste o mantener una conversación entre amigos, ¿pero enseñar o predicar la Biblia a otros delante de una multitud?. A diferencia de Moisés, no tuve un Aarón a quien yo pudiera pasar la pelota. Lo que sí tenía era mi fe en Dios que me salvo, y la promesa de su palabra:

> **4** Vino, pues, palabra de Jehová a mí, diciendo:
> **5** «Antes que te formara en el vientre, te conocí,
> y antes que nacieras, te santifiqué,
> te di por profeta a las naciones.»
> **6** Yo dije:
> «¡Ah, ah, Señor Jehová! ¡Yo no sé hablar, porque soy un muchacho!»
> **7** Me dijo Jehová:
> «No digas: "Soy un muchacho",
> porque a todo lo que te envíe irás,
> y dirás todo lo que te mande.
> **8** No temas delante de ellos,
> porque contigo estoy para librarte,
> dice Jehová.»
> **9** Extendió Jehová su mano y tocó mi boca, y me dijo Jehová:
> «He puesto mis palabras en tu boca.
> **10** Mira que te he puesto en este día
> sobre naciones y sobre reinos,
> para arrancar y destruir,
> para arruinar y derribar,
> para edificar y plantar.»
> Jeremías 1:4-10

Mirando hacia atrás durante los últimos treinta y pico de años, todavía estoy sorprendido por la gracia asombrosa de Dios en mi vida. Es como si Dios disfrutará escoger al candidato menos probable para colocarlo en ''la oficina''.

Mi carrera en la construcción comenzó cuando asistí a la escuela de Comercio a mis veintitantos años. Dos noches a la semana asistía a un colegio de la comunidad local para los "oficios" mientras que conseguía experiencia en el puesto de trabajo, trabajando como aprendiz.

En aquel entonces yo tenía una gran cantidad de energía, pero en ese momento yo tenía treinta y cinco años, casado, con esposa, un niño pequeño y Dios me estaba llamando para volver a la escuela. Carla y yo nos sentamos durante dos años y cinco horas al día, cinco días a la semana en la formación de la Escuela Bíblica.

> **10** pues somos hechura suya, creados en Cristo Jesús para buenas obras, las cuales Dios preparó de antemano para que anduviéramos en ellas.
> - Efesios 2:10

Para mi sorpresa, había hombres, mujeres y parejas mucho mayores que Carla y yo en la Escuela Bíblica. Algunos se habían retirado de su carrera y querían saber más de la Biblia, mientras que otros estaban simplemente aburridos de la ociosidad y necesitaban un buen comienzo. Muchos de los estudiantes más jóvenes no estaban seguros de lo que realmente querían hacer en la vida, pero se sintieron presionados para asistir a la escuela bíblica porque eran de PK's, hijos de pastores. Muchos estudiantes abandonan la escuela por las vacaciones de Navidad porque se sentían frustrados y pensaban que estaban perdiendo su tiempo. Recuerdo aconsejar un chico joven que estaba luchando entre si o no para quedarse. Sus padres lo convencieron de que iba a ser pastor, pero él no lo sentía. Le pregunté lo que él sentía. No estaba muy seguro de en qué capacidad, pero amaba el negocio. Le animé a perseguir su sueño pero estaba estresado por completo respecto a decepcionar a sus padres.

> - Si no sabemos hacia dónde vamos, terminaremos en cualquier otro lugar.
> - Yogi Berra

Cuando la escuela comenzó de nuevo en enero de 1980, el joven no volvió a la escuela. Muchas veces me he preguntado si alguna vez encontró su "punto dulce". Mi oración es que este libro ayude a otros a encontrar el suyo.

No sabía que mi vocación me iba a llevar a Silicon Valley, en el corazón de San José, California. Yo no sabía que mi vocación era ser pastor del Centro Cristiano Jubileo. Pero, yo sabía que tenía que mantenerme firme con el fin de llegar a mi destino divino.

Quizás no se tiene testimonio todavía. Pero tienes una vocación. Dios tiene un plan para tu futuro - ya seas rey o predicador – lo puedes descubrir a través de su palabra.

> La pregunta no es quien vas a ser, sino averiguar quien ya eres tú.
> - Mike Fox

CAPÍTULO 4

ABRIENDO CAMINOS

41 Entonces Elías dijo a Acab: «Sube, come y bebe;
porque ya se oye el ruido de la lluvia.»
1 Reyes 18:41

INICIOS HUMILDES

Hay un sonido en la abundancia que está por venir, el Coronel Chuck Yeager rompió la barrera del sonido en octubre de 1947. Antes de eso, muchos pilotos de prueba llamaron a la barrera del sonido el "muro del demonio" porque muchos de ellos murieron en accidentes tratando de romperla. Sin embargo, una vez que el coronel Yeager rompió la barrera, una gran cantidad de avances tecnológicos pronto le siguieron. Veintidós años y pico más tarde, Neal Armstrong caminó en la luna, y en la actualidad seguimos buscando los confines del universo.

Elías logró abrir la sequía con una declaración profética, ''hay un sonido de que la lluvia esta por venir... en abundancia. Es curioso que, incluso después de que él dijo que el cielo seguía azul y sin nubes. Varias veces Elías le dijo a su criado que mirara hacia fuera a través del Mar Mediterráneo y cada vez el siervo informaba que no había ningún cambio, seguía sin nubes. Finalmente, después de siete veces, una pequeña nube del tamaño de la mano de un hombre apareció. Eso era todo lo que el viejo profeta necesitaba oír.

Su declaración no era que había una pequeña nube en algún lugar del horizonte, más bien, que se escuchó el ruido de la abundante lluvia.

Incluso los grandes ríos tienen sus humildes comienzos, pero una vez que consigan rodar, el impulso es feroz. Llamamos a fluir un río en su corriente. ¿No es interesante que el dinero se conoce por su valor? Por diseño se supone que debe ser constantemente fluido, con movimiento, y con crecimiento. Dios le dijo a Adán uno de los ríos que salen del Jardín del Edén llevaría a oro y piedras preciosas.

> 11 El primero se llama Pisón; es el que rodea toda la tierra de Havila, donde hay oro. 12 El oro de aquella tierra es bueno; y hay allí también bedelio y ónice.
> Génesis 2:11-12

La palabra hebrea para "río" es Nahar, que significa literalmente, brillar, ser jovial, o próspero.

> **1** Bienaventurado el varón
> que no anduvo en consejo de malos,
> ni estuvo en camino de pecadores,
> ni en silla de escarnecedores se ha sentado,
> **2** sino que en la ley de Jehová está su delicia
> y en su Ley medita de día y de noche.
> **3** Será como árbol plantado junto a corrientes de aguas,
> que da su fruto en su tiempo
> y su hoja no cae,
> y todo lo que hace prosperará
> Salmos 1:1-3

La palabra para el afluente Pisón, significa dispersar o distribuir. En el jardín, Adán y Eva tenían sus necesidades cubiertas, pero si querían piedras preciosas en oro, tenían que seguir el río Pisón. Dios nos da las oportunidades con la revelación. Prosperidad no equivale a dar en automático simplemente porque uno está "salvado, lleno, y ama a Dios." Todo el mundo todavía tiene que pasar, la búsqueda, cavar, y seguir cavando. Tan vital y esencial es la fe como lo son, la esperanza y el amor. Todavía necesitamos la sabiduría, el conocimiento y la comprensión. Incluso en el paraíso, en Jardín del Edén, Adán tenía un trabajo y era el de labrar la tierra.

Los ríos son como las personas. Unos son rápidos, otros lentos, unos extensos, otros estrechos, unos profundos, otros poco profundos, unos ruidosos, otros callados, unos claros, otros turbios. Pero todos son el agua y todos los ríos tienen un propósito.

> **7** ¡Cuán preciosa, Dios, es tu misericordia!
> ¡Por eso los hijos de los hombres
> se amparan bajo la sombra de tus alas!
> **8** Serán completamente saciados de la grosura de tu Casa
> y tú les darás de beber del torrente de tus delicias.
> Salmos 36:7-8

En este momento, puedes estar seco, en una sequía creativa. Permíteme decir algo sobre ti, Escucho un sonido de abundancia que está por venir. Puede empezar como un rocío, luego como un pequeño arroyo, pero no será largo. Serás arrastrado por su esplendor.

> **6** Y me dijo: «¿Has visto, hijo de hombre?»
> Después me llevó, y me hizo volver por la ribera
> del río. **7** Y al volver vi que en la ribera del río
> había muchísimos árboles a uno y otro lado. **8**
> Entonces me dijo: «Estas aguas salen a la región
> del oriente, descienden al Arabá y entran en el

mar. Y al entrar en el mar, las aguas son saneadas. **9** Todo ser viviente que nade por dondequiera que entren estos dos ríos, vivirá; y habrá muchísimos peces por haber entrado allá estas aguas, pues serán saneadas. Vivirá todo lo que entre en este río.
- Ezequiel 47:6-9, 12

No existe en el mundo nada más poderoso que una idea a la que le ha llegado su tiempo."
- Víctor Hugo

CAPÍTULO 5

PERMANECER EN EL REDIL

45 Felipe encontró a Natanael y le dijo: Hemos encontrado a aquel de quien escribieron Moisés, en la Ley, y también los Profetas: a Jesús hijo de José, de Nazaret. 46 Natanael le dijo: ¿De Nazaret puede salir algo bueno? Respondió Felipe: Ven y ve. 47 Cuando Jesús vio a Natanael que se le acercaba, dijo de él: ¡Aquí está un verdadero israelita en quien no hay engaño! 48 Le dijo Natanael: ¿De dónde me conoces? Jesús le respondió: Antes que Felipe te llamara, cuando estabas debajo de la higuera, te vi. 49 Natanael exclamó: ¡Rabí, tú eres el Hijo de Dios! ¡Tú eres el Rey de Israel! 50 Le contestó Jesús: ¿Crees porque te dije: "Te vi debajo de la higuera"? Cosas mayores que éstas verás. 51 Y agregó: De cierto, de cierto os digo: Desde ahora veréis el cielo abierto y a los ángeles de Dios subiendo y bajando sobre el Hijo del hombre.
- Juan 1:45-51

LOGRANDO CIELOS ABIERTOS

Varios años atrás, escribí un libro titulado, "Vivir bajo un cielo abierto." Malaquías prometió una bendición para los que contribuyen con el diezmo, y que podrían ser abrumados por las ventanas abiertas de los cielos.

Marcos escribió desde la voz de Dios que al ser escuchado hizo descender una paloma sobre Jesús recién bautizado a través de un cielo abierto. Juan, en el Apocalipsis, vio una puerta que era abierta en el cielo con Jesús atrayéndolo a venir aquí y ver el futuro.

En el capítulo 28 del Deuteronomio, Dios establece la ley de bendiciones y maldiciones. Los primeros catorce versos son todos buenos. . . si su pueblo ha obedecido. Sin embargo, desde los versículos 15 a 68, Dios advierte con severidad sobre las consecuencias de la desobediencia.

Quiero ver con ustedes el Deuteronomio *28:23-24* donde Dios habla de un cielo cerrado. ¿Por qué fueron cerrados los cielos? El pecado y la desobediencia apagan nuestra ruta de suministro desde el cielo a la tierra.

Él lo llama un cielo de bronce y tierra de hierro! El Latón, a veces, representa el pecado, (es decir, altar de latón, serpiente de latón). Con lluvia, y un cielo cerrado, la tierra se vuelve árida y dura.

Ahora, regresando a lo expresado por Jesús en Juan 1:51 que deja dudando a Nathaniel, *'De cierto, de cierto os digo: Desde ahora veréis el cielo abierto y a los ángeles de Dios subiendo y bajando sobre el Hijo del hombre. ''*. Vio una escalera desde la tierra al cielo con seres angélicos que viajaban de arriba hacia abajo. Jesús vino a Israel en tiempos muy difíciles cuando la nación estaba bajo el dominio romano del malvado rey Herodes y rodeado de fariseos de dura cerviz. A pesar de todo el pecado que giraba en torno a Jesús no se detuvo ni un poco. El cielo permanecía abierto y él vivió y ministró bajo un cielo abierto. Tu y yo podemos, también.

Yo vivo y soy pastor en Silicon Valley, a la sombra de San Francisco.

Todo, esto no es Kansas! Cinturón de la Biblia?, No estamos ni siquiera siendo la raya o el pliegue en el pantalón, el cinturón que lo sostiene. Sin embargo, he estado enseñando a la gente a cómo mantener el cielo abierto, a pesar de todo lo que se está oponiendo entre Dios y su Reino.

Jesús caminó plenamente en su llamado y propósito profético. Eso, para mí, es lo que mantiene el cielo abierto. Si usted es un predicador, camina en su llamado al máximo. Si eres un rey, ir a por ello con toda la pasión y la energía que Dios te da. Dios nunca me ha dado una visión que me pudiese permitir. Necesito disposición. Reyes de Dios traigan el botín de la victoria para seguir dominando el mercado. Cuando Reyes y Sacerdotes cooperaron a través de la sinergia divina en el Antiguo Testamento, Israel prosperó enormemente. Cuando se profanaron los papeles, Israel sufrió.

> 1Entonces David consultó con los capitanes de millares y de centenas, y con todos los jefes. 2 Y dijo David a toda la asamblea de Israel: «Si os parece bien y si es la voluntad de Jehová, nuestro Dios, enviaremos a todas partes por nuestros hermanos que han quedado en todas las tierras de Israel, y por los sacerdotes y levitas que están con ellos en sus ciudades y ejidos, para que se reúnan con nosotros; 3 y traigamos el Arca de nuestro Dios junto a nosotros, porque desde el tiempo de Saúl no hemos hecho caso de ella. 4Y dijo toda la asamblea que se hiciera así, porque el asunto parecía bien a todo el pueblo.
> 1 Crónicas 13:1-4

Hasta ahora, todo bien. Que buena idea. Vamos todos a traer a casa el arca. Por supuesto que Dios esté complacido con esta misión. Siga leyendo!

Y llevaron[a] el arca de Dios de la casa de Abinadab en un carro nuevo, y Uza y Ahío guiaban el carro. David y todo Israel se regocijaban delante de Dios con todas sus fuerzas, con cánticos y liras, con arpas, panderos, con címbalos y trompetas.

Pero cuando llegaron a la era de Quidón, Uza extendió su mano para sostener el arca, porque los bueyes casi la volcaron. Y se encendió la ira del Señor contra Uza, y lo hirió porque había extendido su mano al arca; y allí murió delante de Dios. Entonces David se enojó porque el Señor había estallado en ira contra Uza; y llamó aquel lugar Pérez-uza hasta el día de hoy.

Oye, Dios, ¿qué está pasando aquí? Pensamos que te gustaría regresar el arca a su lugar apropiado!. David estaba enojado con Dios y por su enojo detuvo el arca!

> ¹² Y David temió a Dios aquel día, y dijo: «¿Cómo he de llevar a mi casa el Arca de Dios?» **13** Y no trasladó David el Arca a su casa, a la ciudad de David, sino que la llevó a casa de Obed-edom, el geteo. **14** El Arca de Dios estuvo tres meses en la casa de la familia de Obed-edom; y bendijo Jehová la casa de Obed-edom, y todo cuanto tenía.
> 1 Crónicas 13:12-14

Obed-Edom se sacó la lotería! Tres meses de favor y la bendición de Dios. Pero David, finalmente lee la Biblia y tres meses más tarde, "lo consigue".

> **1** Hizo David también casas para sí en la Ciudad de David, y arregló un lugar para el Arca de Dios, y le levantó una tienda. **2** Entonces dijo David: «El Arca de Dios no debe ser llevada sino por los levitas; porque a ellos ha elegido Jehová para que lleven el Arca de Jehová, y le sirvan perpetuamente. **3** Congregó, pues, David a todo Israel en Jerusalén, para que llevaran el Arca de Jehová al lugar que él le había preparado. **4** Reunió también David a los hijos de Aarón y a los levitas.
> Crónicas 15:1-4

A pesar de que él es el rey, David se da cuenta de que los sacerdotes deben llevar el arca, no cualquier viejo Uza. Fue el orden de las cosas de Dios. El mayor problema que veo en América es que la iglesia se ha ido corporativizando. Hombres de negocios, bien intencionados, "Reyes", tratando de hacer el trabajo, o decirle a los pastores cómo llevar la casa de Dios.

IDENTIFICANDO TU REDIL

Hace años un pastor joven vino a mí por asesoramiento, preguntando qué debía hacer porque su junta de la iglesia le prohibió hablar de Satanás, los demonios, el aborto, o la homosexualidad desde el púlpito. Le dije que debía renunciar y obedecer a Dios, por ser pionero de una iglesia que estaba basada en la Biblia y no por el corporativismo! Lo hizo. Pasé por su antigua iglesia recientemente y vi que estaba cerrada. Este no es un incidente aislado en América.

Situaciones similares me han sucedido de vez en cuando. Yo tenía un miembro que insistía en verme una vez al mes y que siempre llegó con su larga lista de lo que estaba mal en la Iglesia Jubilee. La música estaba muy alta, los sermones demasiado largos, o esto o aquello. Escuche y me puse al día con su discurso injurioso, pero finalmente tuve suficiente y le pregunte cuántas iglesias había pastoreado!. Ninguna por supuesto. En ese momento, fuimos la iglesia de más rápido crecimiento en el Valle. Incluso nuestro periódico local, el San Jose Mercury-News, dijo que éramos los más grandes en el Valle y que ninguna iglesia jamás había crecido tan rápido como Jubileo. A Dios sea toda la gloria.

Finalmente fui prudente y le di vuelta a las cosas, le pregunte al chico que pensaría de mí visitando su empresa diciéndole que para mí todo lo que hacía estaba mal. Le dije que me imaginaba a él riéndose de mí afuera de su oficina, porque yo no sabía nada acerca de su industria o cómo funcionaban las cosas en su compañía, pero que debía confiar en que lo hacía. Cuando le pedí que si podía confiar en mí y confiar en que Dios estaba bendiciendo nuestra misión y visión, se fue enojado y ya no lo volví a ver desde entonces. He oído que trató de enderezar un par de otras iglesias locales, pero después de que la asociación le diera con el pie izquierdo, se trasladó fuera.

Tener éxito en los negocios no traslada el éxito al crecimiento de la iglesia, así como el nadador de waterpolo le fue asignado un carril durante la competencia y se introduce en el carril de otra persona, estaría descalificado automáticamente. Mi viejo amigo Steve Hage, Pastor del Jubileo del Condado de Orange lo expresa así, "hombre, simplemente quédate en tu carril". Vamos a apreciar dones y unciones de los demás. Aquí hay una lista que me ayuda:

SACERDOTE	REY
Lleva la responsabilidad de la audiencia de parte de Dios para el pueblo	Destruye a los enemigos de Dios
Ofrenda sacrificios a Dios por parte del pueblo.	Trae el botín de guerra a la casa de Dios.
Le comunica a la gente lo que el Señor está diciendo.	Gobierna los asuntos físicos de la nación.
Recibe los diezmos y ofrendas de las personas.	Protege a las personas y a los predicadores
Se hace cargo de la casa de Dios.	Proporciona los diezmos y ofrendas a la casa de Dios.
Da aliento a los reyes y guerreros antes o durante la batalla.	

CAPÍTULO 6
CULTURA DEL CAMBIO

«¡Levántate, resplandece, porque ha venido tu luz
y la gloria de Jehová ha nacido sobre ti!
Isaías 60:1

Tenga en cuenta que primero la iglesia "asciende', antes de que resplandezca. La fe actúa, permanece, asciende, luego entonces, se mueve.

Es nuestro turno! Tiempo para que la iglesia ascienda, el diablo se calle, y los demonios se sienten y guarden silencio. Todo el mundo se siente atraído por las cosas brillantes. Una zarza ardiente llamó la atención de Moisés. Los sabios reyes del oriente siguieron una estrella brillante. La Iglesia fue dada a luz con un sonido y todo un espectáculo con lenguas de fuego. Aquí, vemos los últimos días de la iglesia en llamas brillantes atrayendo a los reyes, así como miembros de la familia perdidos o que recaen.

¿Quién, aquí en Estados Unidos, no ama el 4 de julio y sus fuegos artificiales?. Es una gran celebración para mi familia, especialmente para los nietos. Nos aseguramos de que la barbacoa y la sandía estén preparadas para el anochecer, sin interrupciones! Entonces, llega la hora del espectáculo.

CONTRACULTURA

Una iglesia es verdaderamente un Reino ciudad situado en una montaña, llamando a todos a venir. Pero la iglesia es mucho más que dos horas en la mañana del domingo. Las reuniones o asambleas son buenas y sanas. Fuimos hechos para construir una comunidad que produzca y no para pensar en solo visitar un edificio con una cruz que satisfaga a nuestro creador. Algunos han ido erróneamente demasiado lejos con esto y han declarado iglesia, tal como la conocemos en algo pasado de moda. Nada podría estar más lejos de la verdad. Un chico una vez me quería debatir con el cliché desgastado de no creer en la religión organizada. Sabiendo que no tenía ni idea de lo que estaba hablando, le pregunté qué era lo que tenía en contra acerca de la "organización", la oposición siendo caos, por supuesto. Apreté más, preguntando si iba a tolerar tener un gobierno desorganizado, las escuelas, el tráfico, control del espacio aéreo, o tal vez su propio negocio. Rápidamente cambió el curso de la conversación, añadiendo que lo que realmente quería decir era que no quería una iglesia tratando de controlar y decirle cómo vivir su vida. Yo tampoco, por supuesto que no quiero que un hombre, mujer, o una organización me controle, pero yo necesito la ayuda de Dios y lo mismo ocurre con todos los demás. Al final de la discusión, admitió que en realidad podría estar ansioso por visitar Jubilee. Le dije que por supuesto sería un honor para mí ser su anfitrión, pero se reprendió añadiendo que él debería tener cuidado porque le podría gustar.

En otra ocasión, un fanático joven trató de convencerme de que Dios había terminado con edificios y reuniones de la iglesia. Tenía un pequeño grupo de oración en casa, idealistas de ideas afines que se sentían superiores en su "revelación" de lo que Dios estaba haciendo en realidad. Es una forma de anarquía, he estado aquí por mucho tiempo y no hay nada nuevo bajo el sol. Mi respuesta fue simple, decirle que yo no creía que el saliera mucho. Uno de los pastores amigo mío dijo: Espera hasta que el crezca, se case, tenga un trabajo real, niños y responsabilidades. Bienvenido al planeta tierra!, Él probablemente asistirá a una iglesia y su familia querrá ir y con optimismo recobrará la pasión y el fuego por la oración y resurgirá.

Siempre habrá un domingo por la mañana donde se tengan todos los servicios de culto en todo el mundo. Aunque la asistencia a la iglesia está disminuyendo en América, no sucede en todo el mundo. Las iglesias que son relevantes, en el fuego, y cambiando vidas están creciendo y son históricos. Jesús nos dijo que "ir" por todo el mundo y hacer discípulos. No dijo ir a trabajar, divertirse los sábados, e ir a la iglesia el domingo por la mañana. Aunque nada de eso es malo o mal, lo que es de vital importancia es la forma en que compartimos nuestra fe lunes a domingo. Las iglesias que son relevantes, en el fuego, y están cambiando vidas están creciendo y son históricas. Jesús nos dijo vayan por todo el mundo y hagan discípulos. Nunca dijo vayan a trabajar, diviértanse los sábados y vayan a la iglesia el domingo por la mañana. Aunque nada de eso está mal o es equivocado, lo que es de vital importancia es la forma en que compartimos nuestra fe de lunes a domingo.

Tanto si eres un Rey-Sacerdote o Sacerdote-Rey como yo, todos tenemos el ministerio de la reconciliación y estamos a cargo de participar en la cultura, no como una sub-cultura, sino como una contra-cultura. Me gustaría añadir que se trata de una contracultura "atractiva", con un mensaje atractivo.

TIEMPOS DE CAMBIO

Llegué a Cristo y su iglesia en 1977, roto y fragmentado. Mirando hacia atrás en mi vida, pasando un buen rato llegó de forma natural. Teniendo demasiado tiempo para pasarla bien se convirtió en algo habitual. Necesitaba ser "discípulo." Agradezco a Dios por mi iglesia de las familias. Tres años y medio después de la salvación y de estar lleno del Espíritu Santo, yo estaba pastoreando un pequeño rebaño de familiares y amigos. Tuve que ser curado por lo que podría ser un sanador. Nuestra iglesia tiene un origen poco espectacular que refleja un fenómeno a punto de estallar sobre el mundo. Silicon Valley! cuando crecí aquí, fue llamado "Valley of Heart's Delight". Huertos frutales dominaron el paisaje durante décadas. Desde finales del siglo pasado, San Francisco fue "la ciudad", a 45 millas al norte, mientras que San José y las ciudades más pequeñas alrededor eran simplemente el escaparate de "París del Oeste".

No pasó mucho tiempo después de que el chip de silicio llegó cuando empezamos a oír hablar de nuevas empresas como Apple, Intel y otros que hoy dominan el mercado en su campo particular.

Nuestro campus estaba cercano de algunas de las empresas más famosas del mundo. Una nueva "cultura" surgió ante nuestros ojos, como nos costó dar a luz a una iglesia y difundir la revelación que cambiaría el mundo.

CAPÍTULO 7

SEÑOR, AYUDAME A ENCONTRAR MI SITIO
(LA ORACION DEL GOLFISTA)

La convicción debe estar siempre en el centro de su vocación, el beneficio adicional es que serás más productivo en todos tus esfuerzos.
- Anónimo

Todos los siguientes renombrados personajes de la Biblia sabían exactamente quiénes eran en sus llamados, no eran de un doble ánimo. Ellos no preguntaban, "debo estar haciendo esto y no aquello; tal vez yo no estoy agradando a Dios. "Vamos a examinar si eran hombres de negocios (reyes) o sacerdotes para Dios.

Abraham: Un hombre de Dios, que era un hombre de negocios. Él no era sacerdote.

Melquisedec: Un sacerdote. Excepcionalmente, Melquisedec era también rey de Salem, un rey-sacerdote. Es interesante porque era un hombre de Cristo.

Isaac: Un hombre de negocios.

Jacob: Un hombre de negocios.

José: Un hombre de negocios - excelente en eso.

Moisés: Un hombre de negocios. Aunque Moisés guio al pueblo de Israel, fue primero un príncipe de Egipto. Después durante 40 o 50 años Moisés fue agricultor y levantó ovejas para su comercio.

David: Un hombre de Dios, pero el rey de Israel.

Salomón: El hijo de David, que también era un rey.

Eliseo: Un hombre de negocios. Más tarde, fue llamado a salir de la agricultura para ser un profeta de Dios.

Pedro y Juan: Los hombres de negocios, es decir, los pescadores. Más tarde, en su momento, fueron llamados de la industria pesquera a el ministerio de tiempo completo.

Jesús: llamado del trabajo de construcción (tiene relación) entonces comenzó su relación de ministerio.

SOBRELLEVAR EL DÍA A DÍA

En 1996, Carla y yo fuimos a Pensacola, Florida, para presenciar el gran resurgimiento que estallaría y continuaría allí durante varios años.

Una noche, después de predicar, el culto y el momento de oración, el pastor nos había dividido en grupos de cuatro o cinco personas para que pudiéramos orar unos por otros. Una querida señora de nuestro grupo estaba sollozando incontrolablemente. Carla trató de consolarla. Pensé que alguien había muerto, o que ella sólo se enteró que padecía una enfermedad terminal.

Cuando por fin pudo recomponerse ella nos dijo: "Mi marido es suicida, y él es un pastor! Él era un médico muy exitoso, él amaba a Dios. Él fue testigo de todas las personas que vinieron a nuestra oficina, oró por la gente, y sostuvo estudios bíblicos. Había una señora, creo que se dice profetisa, ella profetizó y le dijo a mi marido: "Usted está fuera de la voluntad de Dios. Usted está desobedeciendo a Dios. Usted está llamado al ministerio. "Así que mi marido renunció a su práctica y comenzó otra iglesia. Ahora, dos años más tarde, sólo hay medio centenar de personas que asisten a la iglesia. Nos estamos muriendo de hambre, detrás de nuestras deudas, y él es suicida porque quiere desobedecer a Dios. "

Le pregunté por su nombre, y ella me dijo que era Georgia. "Georgia", le dije, "Vete a casa y dile a tu marido que cierre esa iglesia. Él no es un sacerdote. Está fuera de orden. Él está haciendo algo que no está llamado a hacer. Él fue llamado a ser un médico".

La historia del marido de Georgia es un buen ejemplo de un rey de mercado. Su marido daba el diezmo a su iglesia local, fue hacer que cada vez más personas ahorraran e hicieran más por el reino de Dios en su comunidad más como médico que siendo llamado pastor.

Él fue ungido para plantarse en el mercado, que no debe servir como sacerdote. Simplemente porque este doctor cristiano apasionadamente amaba a Dios no necesariamente significa que debe dejar su trabajo y comenzar una iglesia.

En otra ocasión, un querido amigo mío que asiste a la iglesia de Marilyn Hickey en Denver, Colorado me habló de su socio de negocios. Mi amigo, David, compartió que su compañero no asistiría a la iglesia. Aunque fue criado en la iglesia, él no asistiría. Él le dijo a David: "Yo sé cómo es. Voy a ir a la iglesia. Voy a conseguir el Espíritu Santo. Me voy a volver loco, lo que significa que voy a tener que dejar mi trabajo y trasladarme a África para ser misionero "David le explicó que podía ser las dos ministerios a la vez -. Un buen hombre de negocios, y un buen cristiano, pero no estaba convencido. En la mente de este hombre servir al Señor significaba tener que ser un sacerdote.

Como resultado, fui invitado más tarde para hablar en una conferencia de dos noches en la iglesia de Marilyn y hablé sobre el tema de los "reyes y sacerdotes". David compró las cintas, se las dio a su amigo, y gracias a Dios que escuchó. David me contó que su amigo estaba en la iglesia el siguiente domingo con la libertad recién descubierta. Este querido hombre cristiano se dio cuenta de que podía enamorarse de Jesús sin consecuencias no deseadas! Él de hecho podría amar haciendo lo que realmente estaba llamado a ser, un rey, y con ello traer la disposición para apoyar la visión de la Casa de Dios en su comunidad.

¿Qué es importante para ti? ¿Quieres utilizar los talentos y dones naturales que Dios te dio? Si se trata de satisfacción en el trabajo, a continuación, al igual que estos dos profesionales, lleva a Dios al mercado contigo. Nunca hay una razón para sentirse culpable o ser de doble ánimo acerca de tu vocación, pero es posible que tengas que mantener tu trabajo diario!

TRANSICIÓN DE REY A SACERDOTE

Del mismo modo, he sido testigo de nuevos casos de cambio de vocación. Hay algunas personas en el mercado que, en la plenitud del tiempo, reconocen la llamada de Dios al púlpito. El Pastor del Jubilee Randy Estrada es un buen ejemplo. Randy comenzó su carrera como policía en Oakland, California. Encontró la realización completa en su rol. Después de servir durante varios años en nuestro grupo pequeño. Randy y su esposa Mae, tenían varios cientos de personas que asistían en grupos pequeños bajo su liderazgo. Vi el potencial de vocación pastoral en Randy, y tras varios años de tutoría espiritual, Randy dio cuenta de la vocación de cambiar de vocaciones y servir como sacerdote para Dios. Hoy, muchos años después, Randy todavía es miembro de nuestro equipo pastoral.

Otro pastor del staff, Chris Cobb, solía trabajar en la industria de alta tecnología de Silicon Valley haciéndose de una gran vida. Hoy en día, todavía podría hacer mucho dinero, pero el Pastor Chris también se dio cuenta de su llamado a servir a Dios a tiempo completo.

No pasar por alto el hecho de que es mucho más fácil hacer algo para lo que se tiene "vocación" en lugar de tratar de hacer algo en otro llamado.

Permítanme volver a los deportes profesionales para otro ejemplo. Charles Barkley es una leyenda del baloncesto. Pero si alguna vez has visto Charles Barkley con un palo de golf, luce como una vieja silla de jardín de las que se despliegan. En su downswing se parece a alguien que intenta aplastar mosquitos. Ahora contrastando esto con Tiger Woods su swing es similar a poesía en movimiento.

Al realizar lo que se está llamado a hacer y en el área en la que Dios te ha bendecido, se crea un hermoso ritmo que parece tan natural en el entorno. Si tú eres llamado para los negocios, entonces debes de ser estupendo en lo que haces, ¿conduces un camión? Entonces tienes que ser el mejor conductor de camión que puedas, y dar un buen testimonio al Señor en la autopista. De hecho, la mayoría de bienes y servicios dentro de las ciudades son entregados en camión! ¿Está llamado a ser ayudante de carpintero o llamado a la industria de la hospitalidad? ¿Tal vez sueñas con manejar tu propia franquicia de Starbucks?. Naturalmente, puedes analizar o tener una mente en ingeniería y te encantaría la oportunidad de competir con Microsoft o IBM, pero en una escala mucho más pequeña. No importa tus dones naturales y el deseo, a Dios no le importa si haces un millón de dólares; y a Dios no le importa si tu tienes una ingeniosa idea sobre placas delgadas de circuitos, nuevas y creativas aplicaciones o la computación en la nube. Sólo recuerda, que Dios fue quien te regaló esa imaginación.

El punto es, los respectivos dones, talentos y habilidades vienen con la elección de Dios y la vocación de cada persona. Tú los tienes. Úsalos y libéralos.

ELECCION UNICA E HISTORICA

Sarah Edwards, esposa del famoso sacerdote del siglo XVIII Jonathan Edwards tuvo once hijos. De su descendencia produjeron:

> Decenas de sacerdotes, trece presidentes universitarios, sesenta y cinco profesores, un centenar de abogados, el decano de la facultad de derecho, treinta jueces, sesenta y seis médicos, el decano de una escuela de medicina, y ochenta titulares de cargos públicos. Pero eso no es todo; había tres alcaldes, tres gobernadores, tres senadores de los Estados Unidos, una contraloría del Tesoro de los Estados Unidos, y un Vicepresidente de los Estados Unidos.

Mientras que la familia Edwards produjo muchos sacerdotes, que también influyeron en sus comunidades en el mercado. Ahora, eso es maravilloso influencia espiritual!

CAPÍTULO 8

DINERO, HERRAMIENTA Y JUGUETE.

*Amado, ruego que seas prospero en todo así
como prospera tu alma, y que tengas buena salud.*
3 Juan 2 (KJV)

LAS HERRAMIENTAS ADECUADAS DE UN REY

El amigo de Juan, Gayo, fue un maravilloso cristiano, el Gayo de romanos 16:23 es probablemente el mismo. Como leemos en la tercera epístola de Juan (vs. 5-8), Gayo era generoso, amoroso, incluso con extraños, y un verdadero líder. Gayo era más que solo un hombre de negocios (Rey), Juan dice: Amado, ruego que seas prospero''. La frase en griego dice: ten un próspero y fructífero viaje (vida) y alcanza el éxito financiero en los negocios".

Una cosa es ser amable y cariñoso, pero sin las finanzas para compartir, es simplemente un sentimiento. En un capítulo anterior, me referí al primero de los cuatro ríos que salen del Edén se menciona en Génesis 2, el "Pisón". Dios sugirió, "encontrarás el oro (oro bueno), así como otras materias primas valiosas."

¿Sabían que la palabra dinero se menciona más veces en la biblia que cualquier otro tema incluyendo la fe, esperanza, curación, el cielo o el infierno?, ¿por qué?

Yo creo que es porque el dinero toca casi todas las áreas de nuestras vidas y dicta la calidad de vida, en gran medida, aquí en la tierra. Salomón dijo de esta manera:

*12 Porque escudo es la ciencia y escudo es el
dinero; pero más ventajosa es la sabiduría, porque
da vida a sus poseedores.*
Eclesiastés 7:12

*19 Por placer se hace el banquete,
el vino alegra a los vivos
y el dinero responde por todo.*
Eclesiastés 10:19.

Jesús nos dice que para hacer amigos con riquezas injustas, nos acusa de dar para que vuelva en múltiples ocasiones. El dinero es una herramienta y un juguete. Es trabajar para nosotros y producir, pero también lo es para el disfrute y el placer.

Un multimillonario local aquí en Silicon Valley me dio 5 millones de dólares de su fortuna personal. Yo, a su vez, se lo di a mi iglesia. En primer lugar, se trata de una herramienta. Lo necesitaba para pagar una parte de bienes raíces muy cara para que pudiéramos construir la casa de Dios.

Pero, también es para placer. Me encanta cuando puedo llevar a la familia y a mis nietos en un bonito lugar de vacaciones y aún así pagar mis diezmos, dar ofrendas, ayudar a los necesitados y ahorrar algo.

Dios nunca me ha dado una "visión" que pudiese permitirme, necesitaba extender mi "fe" y creer en Dios para proveer de una visión.

Es por eso que estoy constantemente animando a mis "Reyes" para que crean en mejores finanzas dentro de sus negocios para que puedan ofrecer más a la obra del Señor.

En la iglesia del Dr. Cho en la isla Yoida en Seúl, Corea, 3 Juan 1-2 se ha terminado la entrada del Santuario. En la década de los cincuenta después de la Guerra de Corea, Corea fue el segundo país más pobre del mundo. El Dr. Cho comenzó a predicar la prosperidad, la curación y el poder del Espíritu Santo para un puñado de pobres refugiados. Algunos de esos jóvenes, hombres pobres pasaron a convertirse en multimillonarios y algunos incluso en billonarios. Su profética, predicación visionaria encendió un fuego en muchos y ellos a su vez financiaron uno de los grandes recintos de la iglesia en el mundo.

Veo que una de mis vocaciones es empujar y apoyar a los "reyes" para crecer, soñar y producir para la gloria del Reino de Cristo que es nuestro rey y sacerdote.

"La tragedia de la vida es lo que muere dentro de un hombre mientras vive"
- Albert Schweitzer

CAPÍTULO 9
INVOLUCRANDO CULTURAS Y ABORDANDO FORTALEZAS

> **15** Y les dijo: Id por todo el mundo y predicad el
> evangelio a toda criatura.
> Marcos 16:15

Aquí, en Marcos 16:15, kosmos significa "mundo". En Mateo 28:19 Jesús nos llama a hacer discípulos de todas las naciones. Ethnos significa "naciones". Jesús nos está diciendo que debemos invadir el mundo - sus culturas, sociedades, diversidades raciales, y las religiones - como la sal y la luz. Llevar la corrupción a la oscuridad. Cada nación tiene sectores o grupos sociales que conforman la sociedad:

- Gobierno
- Negocios (comercio)
- Religión (es)
- Medios
- Deportes
- Arte y entretenimiento
- Educación

En Hechos 2:17, Dios promete visitar toda la carne con una efusión de su Espíritu. Pablo nos dice en Romanos 2: 4 que es la bondad de Dios la que conduce al cambio. Para impactar a una cultura, con sus fortalezas y tradiciones hay que ser sensibles y exigentes al estilo de vida de la región (Nación / Ciudad).

CAMBIANDO MENTALIDADES

Antes de que hiciera mi primer viaje a la India en 1982, con el fin de conocer un poco acerca de estas personas preciosas de las que uno puede enamorarse, leí libros, comí comida Hindu, y aprendí algo acerca del hinduismo. Encontré por parte de la gente historias de amor, así que até mis mensajes con historias de mi vida, algunas divertidas, algunos graves, algunas difíciles, así que he podido encontrar un terreno común y ganar confianza antes de que yo tire la "red".

En los últimos tiempos, he pasado mucho tiempo en México, América Central y del Sur. Una vez más, yo estudio las diversas culturas de ciudades en particular (y naciones) en la que yo pudiese ministrar antes de viajar a cada lugar. Siento que es importante entender las mayores necesidades de la gente, su tradicionalismo religioso, desafíos económicos, fortalezas (alcohol, drogas, violencia doméstica), y así sucesivamente. Durante cada conferencia o cruzada, realizo una reunión de negocios para reunir los "Reyes", al igual que lo hago de forma regular con los hombres empresarios los que impulsan en Silicon Valley.

A menudo, cuando viajo, voy y tomó a los líderes de negocios de mi iglesia para dar testimonios y sostengo clases para animar a los lugareños ya que ellos también tienen un ministerio tan vital e importante como el pastor. Uno de los desafíos que enfrento en las naciones en desarrollo es cómo ayudar a los creyentes a no tener miedo al mundo en el que estamos llamados a volver. La religión tradicional enseña que una vez salvado y santificado, una persona debe permanecer lejos de los pecadores y el mundo pecador, pero venir a la iglesia tanto como sea posible y ser inoculado del mal. El problema con esta mentalidad es que es totalmente opuesto a lo que Jesús mandó. Por desgracia, son los pastores que mantienen esta mentalidad de ir por cualquier razón, ya sea el miedo, la inseguridad, o el ego - ¿quién sabe? Con suerte, es simplemente la ignorancia de las escrituras. Así es como veo creyentes llegando a ser atrayentes.

- Ser santos, todavía relevante.
- Ser diferentes, todavía no es extraño.
- El amor a Dios, y el mundo que él ama.
- Pasar tiempo en la iglesia, pero también con la familia, amigos de la iglesia y amigos que no se han salvado.
- Orar, adorar, y divertirse.
- Ser devoto, pero no ser santurrón.
- Tener discernimiento, pero no juzgar.

TRABAJANDO JUNTOS

Jesús no tenía ningún problema con la cultura de lo atractivo, si él estaba en la región de Galilea con la gente en complicidad o en Jerusalén con los líderes de la nación. Decápolis con los Helenistas, o Samaria con los indeseables, Él no cambió. Ellos lo hicieron.

Como agentes de cambio, debemos estar seguros de nuestro mensaje y exigentes en nuestros métodos. Yo soy un pescador de toda la vida.

A los seis años de edad, aprendí como atrapar mojarras de agallas azules en un lago cerca de nuestra casa. Hice mis propios anzuelos, pinzas para la ropa, corté una rama de sauce del patio trasero de la abuela para hacer un poste, utilicé una pelota de ping pong como un flotador y cave mis propios gusanos. Me gustaba traer a casa seis o doce pequeñas mojarras de agallas azules y rogarle a mi abuela o mamá para que me las fría.

Más tarde, ya que realmente estaba metido en ello, me convertí en un pescador bastante hábil. Había pescado el mundo, literalmente, e incluso toda mi familia estaba involucrada en ello. Incluso Carla y mi hija Sarah, a este día, les encanta la pesca de truchas en las sierras.

El pescado, como las personas, son diferentes, algunos son tímidos, otros agresivos. Tienen muy diversos hábitos alimenticios, es por eso que en mi caja de anzuelos tengo un surtido de cebos. Las llamamos "señuelos" porque queremos atraer a los peces al ataque. Algunos peces prefieren carnada viva. La gente se comporta de manera similar. Ellos son tan diferentes como los peces y, si se pone el cebo mal en frente de ellos, olvídalo! Con el cebo adecuado (mensaje), sin embargo, observa cómo muerden! Nosotros los reyes y sacerdotes tenemos que aprender a pescar. . . juntos!

> **19** Y les dijo: Venid en pos de mí, y os haré pescadores de hombres.
> Mateo 04:19

CAPÍTULO 10

ENCONTRANDO UN SITIO EN COMÚN

> Usted tiene un hueco. . . lo llenamos.
> (Lema de una compañía de pavimentación)

Recientemente, estuve en Singapur con el Dr. Yonggi Cho, el Dr. Paul Kim y varios amigos asistimos a una conferencia organizada por Kong Hee. Uno de los oradores fue A.R. Bernardo de Nueva York, un pastor muy talentoso que tiene un historial de impactar en su ciudad, al igual que Kong, con una tremenda influencia en Singapur, junto con Joseph Prince y otros grandes líderes. Yo estaba tomando notas tan rápido como podía para agregar conocimientos a lo que ya había experimentado en Silicon Valley. Uno de los oradores puso una diapositiva con información que me gustaría compartir con ustedes. Esta es una comparación de las cosas importantes de la iglesia y el mundo:

IGLESIA	MUNDO
Santidad	Felicidad
Doctrina	Filosofía
Presencia (adoración)	Sentirse bien
Unción	Entretenimiento
Evangelización	Privacidad
Discipulado	Educación
Compañerismo	Camaradería
Dar	Ganar Dinero
Cielo	Tierra
Salvación del hombre	Todo menos el hombre
Fidelidad	Diversión
Tradición	Exploración (lo nuevo)

¿Cómo nos involucramos en la cultura de una manera relevante, sin llegar a lo extraño, manteniendo nuestros valores? Nos encontramos con un término medio en las siguientes áreas:

- Familia
- Salud y bienestar
- Finanzas / dinero
- Amigos

- El amor de Deportes
- Aficiones
- Entretenimiento (comer, cine, salir)
- Eventos Cívicos y mundiales
- Vacaciones
- Educación
- Política
- Muerte

¿TE ES ATRACTIVO?

El sesenta por ciento del mundo está por debajo de los veintiséis años. El ochenta por ciento de los nuevos conversos en todo el mundo son de catorce años y un poco más jóvenes. Para atraer a los jóvenes, tenemos que encontrar "necesidades que se sientan" y hablar un idioma que comprendan. Una historia que he oído una y otra vez de los padres es que criaron a sus hijos en la iglesia, pero una vez que llegaron de los catorce a los diecinueve, estos jóvenes-adultos no querían tener nada que ver con la iglesia. Sin embargo, los niños mantuvieron su creencia en Dios.

Este escenario se vive a través de América y es muy obvio que en Europa. Hay, en mi opinión, varias razones por las que esto sucede. Iglesias que ignoran a los jóvenes y sus necesidades debido a la falta de dinero, visión, o debido a la ignorancia. Cuando el dinero es escaso, las primeras cosas que pasan a segundo término son por lo general los presupuestos para niños y jóvenes.

Un amigo de muchos años, el Pastor Steve Hage, tenía un ministerio de jóvenes con más niños involucrados y asistía a la iglesia donde el pastor tenía muchos adultos. A causa de esto el pastor principal se sentía intimidado por el éxito de Steve, él sin miramientos despidió a Steve, lo que en última instancia condujo a la disolución del ministerio juvenil.

Danny Silk de Bethel en Redding dijo: "No sólo estamos criando niños. Estamos elevando a futuros padres y abuelos. "Si usted no ve el valor de la generación emergente de ''reyes y sacerdotes", vamos a perder un ejército de soldados cristianos que deberían construir en la base de nuestros cimientos.

Recientemente, me encontraba conduciendo desde Sacramento a San José en la carretera noventa y nueve. Me di cuenta de un sitio en construcción abandonado. El lote y el estacionamiento se construyeron, pero las vigas de acero se habían quedado apiladas y se habían oxidado. Después de preguntarle a un amigo lo que había pasado, me enteré de que el lugar estaba destinado a ser un gran centro comercial, pero la compañía se había quedado sin financiamiento.

Durante mis viajes al extranjero, me di cuenta de viejos edificios, de iglesias históricas, hermosas que había dejado de dar servicio y se habían convertido en teatros, restaurantes, e incluso mezquitas. Escalofríos recorrieron mi espalda y pensaba, "Dios mío, esto nunca debería ocurrir en Estados Unidos."

La famosa actriz de antaño, Mae West, dijo: "Yo solía ser Blancanieves, pero me fui a la deriva.". Hoy algunas personas están diciendo, "La iglesia solía ser relevante, pero ahora. . . "

CAPÍTULO 11

A SU IMAGEN, TENEMOS IMAGINACION.

> Ciertamente es bueno Dios para con Israel,
> para con los limpios de corazón.
> 2 En cuanto a mí, casi se deslizaron mis pies,
> ¡por poco resbalaron mis pasos!,
> 3 porque tuve envidia de los arrogantes,
> viendo la prosperidad de los impíos.
> 4 No se atribulan por su muerte,
> pues su vigor está entero.
> 5 No pasan trabajos como los otros mortales,
> ni son azotados como los demás hombres.
> 6 Por tanto, la soberbia los corona;
> se cubren con vestido de violencia.
> 7 Los ojos se les saltan de gordura;
> logran con creces los antojos del corazón.
> 8 Se mofan y hablan con maldad de hacer violencia;
> hablan con altanería.
> 9 Ponen su boca contra el cielo
> y su lengua pasea la tierra.
> 10 Por eso Dios hará volver a su pueblo aquí,
> y aguas en abundancia son extraídas para ellos.
> 11 Y dicen: «¿Cómo sabe Dios?
> ¿Acaso hay conocimiento en el Altísimo?»
> 12 Estos impíos,
> sin ser turbados del mundo, aumentaron sus riquezas.
> Salmos 73:1-12

NO SOLO SALVADO...LLAMADO

¿Alguna vez, como Asaf en el Salmo 73, se preguntó acerca de la prosperidad y el éxito de las personas que no conocen a Dios? Son reyes laicos; poderosos, famosos, influyentes y agitadores de las naciones de todo el mundo. Por supuesto, algunos son mejor que otros; quizás son incluso generosos a ciertas causas populares como el ecosistema, el hambre, las enfermedades, etc., pero no son creyentes. Dios no recibe ningún crédito ni gloria por su inmenso éxito. Es fácil escribir acabado y "lleno del diablo", pero no vamos a tomar la salida fácil por el momento. Una mirada más cercana a Caín en Génesis 4: 6-14 nos puede ayudar a entender lo mucho que Dios todavía está con el hombre caído.

6 Entonces Jehová dijo a Caín: ¿Por qué te has enojado y por qué ha decaído tu semblante? 7 Si hicieras lo bueno, ¿no serías enaltecido?; pero si no lo haces, el pecado está a la puerta, acechando. Con todo, tú lo dominarás. 8 Caín dijo a su hermano Abel: «Salgamos al campo.» Y aconteció que estando ellos en el campo, Caín se levantó contra su hermano Abel y lo mató. 9 Entonces Jehová preguntó a Caín: ¿Dónde está Abel, tu hermano? Y él respondió: No sé. ¿Soy yo acaso guarda de mi hermano? 10 Jehová le dijo: ¿Qué has hecho? La voz de la sangre de tu hermano clama a mí desde la tierra. 11 Ahora, pues, maldito seas de la tierra, que abrió su boca para recibir de tu mano la sangre de tu hermano. 12 Cuando labres la tierra, no te volverá a dar sus frutos; errante y extranjero serás en ella. 13 Entonces Caín respondió a Jehová: — Grande es mi culpa para ser soportada. 14 Hoy me echas de la tierra, y habré de esconderme de tu presencia, errante y extranjero en la tierra; y sucederá que cualquiera que me encuentre, me matará.
Génesis 4:6-14

¿Entonces Caín se convirtió en un vagabundo, se dio a la bebida o se volvió adicto? No de acuerdo a Génesis 4:16-17.

Salió, pues, Caín de delante de Jehová, y habitó en tierra de Nod, al oriente de Edén. 17 Conoció Caín a su mujer, la cual concibió y dio a luz a Enoc; y edificó una ciudad, a la cual dio el nombre de su hijo, Enoc.
Génesis 4:16-17.

Caín comienza una familia y es el primer constructor de una ciudad en la historia. La capacidad creativa de Dios está todavía en él. Cada ser humano es creado a imagen y semejanza de Dios en algún grado. Ahora, a causa del pecado y su poder, tenemos bebés que nacen con retos y rasgos que pueden ser anormales, pero todo lo que vive aún tiene huellas de Dios en él. Mira a los descendientes de Caín en Génesis 4: 17-22.

> - 17 Conoció Caín a su mujer, la cual concibió y dio a luz a Enoc; y edificó una ciudad, a la cual dio el nombre de su hijo, Enoc. 18 A Enoc le nació Irad, e Irad engendró a Mehujael; Mehujael engendró a Metusael, y Metusael engendró a Lamec. 19 Lamec tomó para sí dos mujeres: el nombre de la una fue Ada, y el nombre de la otra, Zila. 20 Ada dio a luz a Jabal, el cual fue padre de los que habitan en tiendas y crían ganados. 21 Y el nombre de su hermano fue Jubal, el cual fue padre de todos los que tocan arpa y flauta. 22 También Zila dio a luz a Tubal-caín, artífice de toda obra de bronce y de hierro, y a Naama, hermana de Tubal-caín.
> Génesis 4: 17-22.

Vemos la llegada del comercio, el empleo, las artes y la artesanía. En Génesis 10, se nos presenta a uno de los héroes de Dios, Noé. Uno de los capítulos más adelante nos encontramos con Nimrod, el primer "líder" que comienza a crear una "cultura mundana" o secundaria al plan del "Reino Cultura" de Dios.

Aunque el hombre ha caído, él sigue brillante. En el hombre es el impulso de crear, inventar, producir y construir. Algunos lo hacen mejor que otros, pero es en toda la humanidad. El plan original de Dios para el hombre para someter y tener dominio ha sido mal dirigido por dictadores o depósitos desde la época de Nimrod hasta este mismo día. Otros que no tienen otra agenda más que tener éxito simplemente han aprovechado la creatividad de Dios, pero creo que es toda su capacidad.

¿Por qué no tenemos más gente con iniciativa y que impulse a partir de los siete sectores principales de la sociedad atraídos a la iglesia? Esta es mi opinión: el mundo se siente atraído por la belleza, el orden, el intelecto, la profesionalidad, el arte, la motivación, la creatividad, la energía y la diversión, no por lo viejo, rancio o por la religión desgastada de las normas.

Un pastor escribió: "El mundo todavía prefiere comprar un boleto para el Titanic que para el Arca de Noé". Para tratar de asustar al mundo en nuestras iglesias que son como balsas de caucho, con nuestra mentalidad de "aguantar hasta que venga Jesús no está funcionando.

La mayoría de nosotros hemos oído hablar del término lleno del Espíritu. Eso es lo que denominamos una iglesia o ministerio que es pentecostal, neo-pentecostal o carismática en la expresión, y que cree en los dones del espíritu, invita a la presencia y el poder divino en su descripción de la iglesia. Este tipo de iglesias apuntan a dos hechos como la fuente u origen de sus creencias.

> 2 Cuando llegó el día de Pentecostés estaban todos unánimes juntos. 2 De repente vino del cielo un estruendo como de un viento recio que soplaba, el cual llenó toda la casa donde estaban; 3 y se les aparecieron lenguas repartidas, como de fuego, asentándose sobre cada uno de ellos. 4 Todos fueron llenos del Espíritu Santo y comenzaron a hablar en otras lenguas, según el Espíritu les daba que hablaran.
> Hechos 2:1-4

Esta es el génesis de la iglesia del Nuevo Testamento, un lugar espectacular para un momento perfecto de salida, para decir lo menos. La obediencia al Señor (Hechos 1: 4-5), la oración, la paciencia, el día señalado (el Día de Pentecostés había llegado plenamente), y de repente un sonido, una vista, un espectáculo, y una efusión invadio la ciudad.

El anuncio, la casa se llenó antes de que la gente llegara.

Aquí, veo un principio que se encuentra en otros lugares de la Biblia. En I Reyes 8: 1-13, el Arca, lo que representa la presencia de Dios, es llevada al Templo y se puso en un lugar apropiado (I Reyes 8: 6). Después de todo esto, la nube llenó la casa del Señor a un punto en el que los predicadores no pudieron funcionar tradicionalmente. Eso es lo que sucede cuando permitimos que Dios llene nuestras iglesias con la nube de su presencia, la tradición y la rutina en un segundo plano. Tengo que admitir que esto puede ser un poco irritante sobre todo a un pastor que le gusta el orden.

RESURGIR

Nunca olvidaré la noche en la que tuvimos un ministro invitado conocido de Tulsa, Oklahoma, en el servicio yo estaba muy emocionado de escuchar su predicación. Me di cuenta de la adoración era mucho más intensa de lo habitual. La gente venía al servicio lista para recibir, con la expectación que llenaba la atmósfera. Me encontré boca abajo en el suelo sin poder moverme. Mi mente me decía que me levantara y atendiera el servicio y me preguntaba qué podría estar pensando mi huésped. Sin embargo, no podía moverme. Entonces, empecé a reír como un niño de escuela. Estaba seguro de que mi huésped pensaría que estaba loco y que nuestra iglesia era uno de esos manicomios, pero no había nada que yo pudiera hacer, se quedó allí riéndose. Cuando finalmente gané un poco de compostura y miré a mi alrededor, me di cuenta de nuestro invitado se desplomó en su silla riendo como si hubiese acabado de oír la broma más divertida jamás contada. No recuerdo si alguna vez predique esa noche, pero sí recuerdo que fue una noche poderosa.

> Hasta ahora nada habéis pedido en mi nombre; pedid, y recibiréis, para que vuestro gozo sea completo.
> Juan 16:24

Otro lugar en la Biblia que ilustra la ley de la satisfacción es en Juan 2, las bodas de Caná, el primer milagro registrado de nuestro Señor.

> 1 Al tercer día se celebraron unas bodas en Caná de Galilea, y estaba allí la madre de Jesús. 2 También fueron invitados a las bodas Jesús y sus discípulos. 3 Y faltó vino. Entonces la madre de Jesús le dijo: No tienen vino. 4 Jesús le dijo: ¿Qué tiene que ver esto con nosotros, mujer? Aún no ha llegado mi hora. 5 Su madre dijo a los que servían: Haced todo lo que él os diga. 6 Había allí seis tinajas de piedra para agua, dispuestas para el rito de purificación de los judíos; en cada una de ellas cabían dos o tres cántaros. 7 Jesús les dijo: Llenad de agua estas tinajas. Y las llenaron hasta arriba.
> Juan 2:1-7

Lo que me llamó la atención en este relato famoso es que el agua no se convirtió en el vino hasta que se llenó hasta el borde. La copa no puede rebosar sin antes estar llena. Si tu eres un rey-predicador o un predicador-rey, todos tenemos que ser llenados.

Una noche, Carla y yo estábamos cenando en el Valle de Napa con Bill y Beni Johnson de la Iglesia Bethel en Redding, California. Estábamos hablando de esto durante una buena comida cuando Bill nos preguntó: "Dick, ¿habías notado la primera vez que sé hablo de la llenura del Espiritu Santo en la Biblia, fue el artesano encargado de ayudar a construir el Tabernáculo con Moisés?" Tuve que admitir que nunca lo había notado. Echemos un vistazo a Éxodo 28: 3, seguido de Éxodo 35: 31-35.

> Y tú hablarás con todos los sabios de corazón, a quienes yo he llenado de espíritu de sabiduría, para que hagan las vestiduras de Aarón y así consagrarlo para que sea mi sacerdote.
> Éxodo 28: 3

> y lo ha llenado del espíritu de Dios, en sabiduría, en inteligencia, en ciencia y en todo arte, **32** para proyectar diseños, para trabajar en oro, en plata y en bronce, **33** en la talla de piedras de engaste y en obra de madera, para trabajar en toda labor ingeniosa. **34** Ha puesto en su corazón el don de enseñar, tanto a él como a Aholiab hijo de Ahisamac, de la tribu de Dan, **35** y los ha llenado de habilidades para que hagan toda obra de arte y de invención, de bordado en azul, en púrpura, en carmesí, en lino fino y en telar, para que hagan toda labor e inventen todo diseño.
> Éxodo 35: 31-35.

Estos artistas y artesanos estaban "llenos" para ayudar a construir la casa del Señor (Tabernáculo). ¿Por qué es que algunos de los artesanos más dotados de hoy se quedan muy lejos del pueblo de Dios y la casa de Dios? El mundo celebra la belleza y la creatividad mientras que la iglesia tradicional se ha conformado con lo monótono y mundano, todo en nombre de la santidad y humildad. La iglesia ha perdido su brillo! Uno de mis pasajes favoritos personales en el Antiguo Testamento es Isaías 60: 1-2. Aviso, no debe de "surgir" antes de "brillar". Nuestra parte es surgir. La parte de Dios es llevar el brillo.

CAPÍTULO 12
WOW!, AHORA PUEDO VER

4 Después de esto miré, y vi que había una puerta abierta en el cielo. La primera voz que oí era como de una trompeta que, hablando conmigo, dijo: «¡Sube acá y yo te mostraré las cosas que sucederán después de éstas!
Apocalipsis 4:1

Jesús quería que Juan mirara hacia el futuro, porque la revelación trae exaltación. "Ven aquí. Quiero estar ahí arriba. "Juan vio por primera vez una puerta abierta. Creo que Dios tiene puertas para todos nosotros que seguramente el abrirá así que puede tener influencia en nuestra región y más allá. Somos agentes de cambio. El cristianismo es para ser brindado, no forzado; demostrado, no dictado; abrazado y no manipulado. Se trata de la abnegación, no de la autorrealización; sacrificio, no sólo el éxito.

EL PROPOSITO DE LA INFLUENCIA

Franklin Faler dijo una vez: "La bondad ha convertido más pecadores que el celo, la elocuencia, o la educación." Yo estaba hablando en Bogotá, Colombia hace años, junto con un número de líderes de todo el mundo. El pastor John Hagee y yo estábamos conviviendo después de una de las sesiones cuando me hizo esta pregunta: "¿Cómo convertimos a miembros de la iglesia en cristianos?" Lo único que podía hacer era mirarlo! Entonces ambos soltamos una buena carcajada. Buena pregunta!

Miembros de la Iglesia están interesados en su iglesia, su crecimiento personal, las necesidades de la familia, y esperan lo mejor. Todo eso es bueno, pero también los cristianos deben ser agresivos en la revolución social y la transformación cultural. Para involucrar a la sociedad y la cultura de impacto, así como fortalezas espirituales confrontar, todos debemos estar dispuestos a dejar nuestra zona de confort. Por alguna razón, me han dado las puertas abiertas a una amplia variedad de mundos - desde la política, deportes, entretenimiento, negocios, medios de comunicación, e incluso la cultura de las motocicletas.

La unidad en el evangelismo siempre ha funcionado mejor para mí. He oído hablar de Bill Hybels, Casey Treat, Kong Hee, e incluso el gran Billy Graham, hablo de encontrar un terreno común con la gente desde cada trozo de vida se puede crear una puerta abierta para el Evangelio de Cristo.

A lo largo de los años he tenido el privilegio de ser el anfitrión del presidente Bill Clinton para recaudar fondos en el Jubileo. He cazado con el juez de la Suprema Corte Antonin Scalia, jugado golf con Jim Brown, Smokey Robinson y Bill Russell, trabajé estrechamente con MC Hammer en el

Jubileo, he cenado con la familia Samsung, Katy Perry y sus padres, y recientemente dimos la bienvenida a más de tres mil ángeles del infierno (grupo motociclista) a mi iglesia, enterramos a un viejo amigo. Me siento cómodo con los grandes, el famoso, el talentoso, los poderosos y los ricos tanto como lo estoy con el vagabundo. Jesús los ama a todos y todos estamos llamados a ser capaces de tener una palabra, una oración, un apretón de manos, un abrazo, o incluso sólo una sonrisa para demostrar que Jesús que vive en nosotros y también murió por ellos.

CONCLUSIÓN

[17] De modo que si alguno está en Cristo, nueva criatura es: las cosas viejas pasaron; todas son hechas nuevas.
Corintios 5:17

Cristo está en el negocio de darnos nuevas identidades verdaderas. Vi una calcomanía en el coche de la esposa de un pastor, que decía, "Shift Happens". Pensé que era porque ella conducía un pequeño coche deportivo con una caja de cambios. Carla se rio y me explicó que en realidad era parte de su lema de la iglesia, "Shift y el cambio!" Su ministerio estaba ayudando a antiguas iglesias y líderes en el ramo para desarrollar nuevas culturas. Cambio de cultura! Nadie pelea un cambio más que la gente de la iglesia. Lo diré de nuevo, NADIE! ¡Ja!

A través de los años de pastoreo, tutoría, y enseñando alrededor del mundo, he observado muchas iglesias y líderes que necesitan los recursos necesarios para crecer, voluntarios y la vibrante presencia de Dios. Pero muy pocos estaban dispuestos a cambiar y pagar el precio del ''cambio" porque se dieron cuenta que definitivamente altera las bases y desafía la tradición.

Anteriormente mencioné que me encanta el aire libre desde la infancia. Durante años he disfrutado de la pesca, la caza, el senderismo y el golf. En mis cuarentas, varios amigos trataron de llevarme a esquiar en la nieve. Varias preguntas cruzaron mi mente: "¿Has visto esas caídas en la televisión? ¿Quién tiene tiempo para asumir un nuevo reto? ¿Realmente quieres conducir con toda esa nieve? ¿Qué pasa si me rompo un brazo o una pierna, o peor? "Mi decisión estaba tomada. Odiaría el esquí. Pero mis amigos fueron implacables! Después de insistir constantemente, cedí. Eso fue hace más de veinte años y, ¿adivinen qué? Me encantó, tanto así que mi familia entera participa y ahora mis nietos quieren aprender!.

A medida que envejecemos, nos gusta hacer solo las actividades con las que estamos familiarizados. Nuestras tendencias es seguir con lo que sabemos, y lo que nos hace sentir seguro. Es nuestra zona de confort.

¿Cuándo es la última vez que hiciste algo por primera vez con Dios o de Dios? Recientemente, escuché a un pastor decir: "La pobreza de espíritu es más que el miedo a la carencia de dinero. Es una falta de ideas o energía para producir el cambio. "No permitas que tu zona de confort pueda convertirse en tu zona final.

Es hora de que todos nosotros, los Reyes-Sacerdotes y Sacerdotes-Reyes surjamos, brillemos, y transformemos la tierra. Nuestro tiempo ha llegado!

OTROS LIBROS DE DICK BERNAL
(SÓLO EN INGLÉS)

My Father Doesn't Own a Gas Station
Shaking Hands With God
Questions God Asks
Removing the "Ites" From Your Promised Land
Curses – What Are They and How to Break Them
Living Under An Open Heaven
The Laws of Seedtime & Harvest
One Hundred Life Lessons from a Jewish King
Who is God, What is Man
When Lucifer, Jezebel, or Jonah Join Your Team

Para ordenar este y otros libros y mostrar material del autor, Dick Bernal, por favor visiten nuestro sitio web. www.jubilee.org o llamar al Jubilee Christian Center's en la librería al 1-888-582-4533

www.ingramcontent.com/pod-product-compliance
Lightning Source LLC
Chambersburg PA
CBHW060356050426
42449CB00009B/1756